LES
EXPIATIONS DE LA FRANCE

PAROLES

PRONONCÉES A ORLÉANS

AU SERVICE SOLENNEL POUR LES VICTIMES DE LA GUERRE

ET

AU MOMENT DU DÉPART DES PÈLERINS
POUR PARAY-LE-MONIAL

PAR

M. L'ABBÉ BOUGAUD
VICAIRE GÉNÉRAL

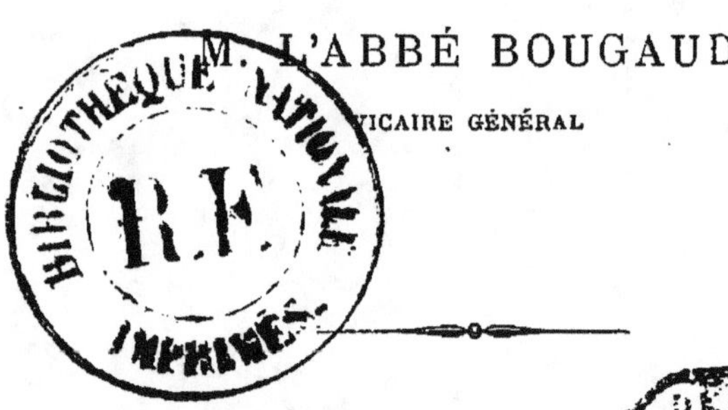

PARIS

LIBRAIRIE POUSSIELGUE FRÈRES
RUE CASSETTE, 27

1874

I

LE CHATIMENT DE LA FRANCE

DISCOURS

PRONONCÉ LE 16 DÉCEMBRE 1873

AU SERVICE SOLENNEL

CÉLÉBRÉ DANS LA CATHÉDRALE D'ORLÉANS POUR LES VICTIMES
DE LA DERNIÈRE GUERRE

> *Quomodo sedet sola civitas plena populo ?*
> *Princeps provinciarum facta est sub tributo !*
> Comment s'est-elle trouvée tout à coup
> solitaire et isolée, la grande nation ? La
> reine des peuples a courbé la tête et payé le
> tribut !
> (Ce sont les paroles de Jérémie pleurant
> sur les ruines de Jérusalem.)

MESSIEURS,

Au terme de tant de travaux, si intelligents, si
dévoués, en faveur de nos pauvres blessés; après
des sollicitudes dont la France entière vous est à
jamais reconnaissante, vous avez eu la religieuse
et patriotique pensée de faire célébrer un service solennel pour tous ceux qui sont morts, non-seule-
ment ici : à Coulmiers, à Patay, à Chevilly, à Ger-
cottes, à Beaune-la-Rolande, et deux fois devant
les murs d'Orléans, mais sur tous les champs de

bataille et dans toutes les ambulances de la France.

Vous avez choisi Orléans pour ce service solennel, parce que, ici comme toujours, a été à l'heure suprême le dernier élan, et, pour ainsi dire, le dernier battement du cœur de la France ; seulement, cette fois, c'était le dernier battement de la France mourante.

Et qu'elle convenait bien, Messieurs, à une telle cérémonie, cette vieille basilique de Sainte-Croix, toute retentissante autrefois de nos gloires, et que nous avons vue depuis attristée de tous nos malheurs ! Il y a trois ans, à pareil jour, six mille prisonniers français y étaient entassés, souffrant du froid et de la faim, étendus sur les dalles du chœur, dormant la tête appuyée contre les colonnes. Les lampes du sanctuaire avaient donné leur huile pour adoucir leurs plaies. Les linges du sacrifice enveloppaient leurs membres meurtris. Et nul assurément, parmi nous, n'aurait songé à s'en plaindre ou à le regretter. Après le corps du Christ, immolé sur l'autel, il n'y a rien de plus sacré, de plus digne de tous nos respects, que le corps du soldat immolé pour son pays.

Enfin, vous avez voulu que ma voix s'élevât, dans cette triste cérémonie, pour offrir à ceux qui ne sont plus le tribut de votre admiration et de vos larmes, et pour évoquer en faveur de ceux qui survivent la leçon qui sort de leurs tombes. Messieurs, une telle mission ne se refuse pas... mais que vous dirai-je ? On a plus envie de pleurer que de parler devant la grandeur tragique de pareils événements.

On se demande parfois si on ne sort pas d'un mauvais rêve. Et, à la vue de ces draperies funèbres, de ces étendards couverts de crêpes, la douloureuse interrogation du prophète se dresse plus poignante encore : « *Quomodo cecidit?...* Comment est-elle tombée, la grande nation ?... *Princeps provinciarum facta est sub tributo!* La reine des peuples a courbé la tête et payé le tribut! »

Comment elle est tombée? Essayons de le dire ; ou plutôt qu'elle nous le dise elle-même, cette noble patrie en deuil ; qu'elle nous aide à entendre ses malheurs! Et nous, Messieurs, écoutons-la ; écoutons notre mère ; et si nous voulons que cette voix auguste ait toute sa force, montons plus haut que les agitations passionnées de la terre, dans la sereine lumière de Dieu et de la religion.

Je me rappelle encore le jour où apparut à Orléans la première charrette qui ramenait des blessés. J'aidai l'un d'eux à descendre. C'était un jeune chasseur, pâle, défaillant, dont la tête battait sur mon épaule, pendant que nous montions péniblement les quelques marches de l'ambulance. Il semblait déjà plongé dans ces ombres où il allait bientôt disparaître. Il se laissa tomber sur le lit, ouvrit deux grands yeux étonnés, et murmura ce mot : « Châtiment! châtiment! » J'ai su que pendant la nuit, dans son agonie, il avait redit plusieurs fois la même parole. Était-ce un retour sur lui-même? car les leçons privées se mêlent souvent aux leçons publiques. Ou bien pensait-il à la France? Quoi qu'il en soit, ces paroles ne me sortirent plus de l'esprit. Quand j'entendais le pas lourd des soldats prussiens sous mes fenêtres, je me disais : « Châtiment ! châtiment ! » et, pourquoi ne l'avouerais-je pas? j'éprouvais une sorte d'âcre joie, je ne sais quelle fière et triste consolation à me dire : « Nous n'avons pas été vaincus, nous avons été châtiés. »

Messieurs, j'ai toujours remarqué que, quand Dieu veut humilier la France, l'humilier pour la sauver, il la brise sur les champs de bataille; et quand j'en ai cherché les raisons, il ne m'a pas été difficile d'en trouver plusieurs : deux surtout que je vous demande la permission de vous soumettre.

D'abord, de toutes les peines, celle-là est la plus sensible à une nation comme la France.

Pourquoi? C'est que le premier de tous nos dons, c'est l'épée. Nous sommes nés sur un champ de bataille, et, de Tolbiac à Arcole ou à Austerlitz, qui a voulu nous voir dans toute notre beauté a dû nous regarder à la lumière des combats. C'est là qu'éclatent en traits charmants, touchants, sublimes, toutes les richesses de notre nature : la générosité après la victoire, la modestie dans le triomphe, la gaieté au milieu du péril, l'illumination soudaine avec l'indomptable élan. « Le Français est apte à tout, a dit un Anglais, lord Chatam, mais il excelle dans la guerre. » Et cette épée, notre distinction suprême, elle n'a pas été, dans notre histoire, un accident heureux; elle n'a pas seulement étonné le monde pendant la vie d'un homme de génie : voilà quinze siècles que nous la tenons en mains, dans un éclat qui n'a pâli quelquefois que pour mieux montrer de qui nous l'avons reçue et pourquoi elle nous a été confiée.

Ne croyez pas en effet, Messieurs, que Dieu fasse au hasard de tels dons. Il n'y a jamais eu dans le monde que deux épées d'une beauté durable : l'épée romaine et l'épée française ; l'épée confiée à Rome pour que, pendant deux mille ans, elle courbât toutes les nations et leur fît faire silence autour du berceau de Celui qui allait naître ; et l'épée confiée à la France pour qu'elle fût, dans les temps modernes, le lieutenant de Dieu, comme disait Charlemagne, le sergent de Dieu, comme disait saint Louis, le soldat du Christ, comme a dit Shakespeare.

Ah ! qu'elle est grande, cette épée, tant qu'elle fait dans le monde les *gestes* de Dieu, selon l'expression de nos pères : *Gesta Dei per Francos !* Elle se joue dans les difficultés. Mais, le jour où elle oublie sa mission, qu'elle devient fragile ! Dieu la brise comme du verre. Il amène cette vaillante nation sur un champ de bataille, au conspect de l'Europe, au soleil de l'histoire : elle arrive, elle accourt, hardie, entreprenante, folle de joie. C'est là qu'il l'attend. Il l'aveugle, il la précipite, il la renverse par un coup si soudain, si étrange, que le vainqueur est aussi étonné que le vaincu. D'ordinaire, pour ne pas la déshonorer en l'humiliant, il la fait écraser sous le nombre. Puis il la tient là, étendue à terre, impuissante, jusqu'à ce qu'elle reconnaisse sa faute et qu'elle accepte le châtiment. Alors il la relève, mais d'une façon si merveilleuse, qu'il est également évident et que c'est lui qui l'avait brisée et que c'est lui qui la rétablit.

Vous en citerai-je d'illustres exemples? Rappelez-vous, Messieurs, Crécy et Poitiers. Quelles journées! quels coups de foudre! Qui n'aurait cru que c'en était fini de la France? Et, de fait, que serions-nous devenus si nous nous étions découragés, démoralisés, divisés? Mais on était en plein moyen âge; on sortait des splendeurs religieuses du règne de saint Louis. Toutes les têtes se courbèrent sous la verge invisible, et toutes les âmes répétèrent, en s'humiliant, cette parole du principal chroniqueur de cette époque : « Les adversités arrivées à la France et les grandes victoires d'Édouard ne doivent pas persuader la justice de sa querelle, mais estre estimées chastiments des vices des François[1]. » Dieu ne résiste pas, Messieurs, à de telles pensées, quand elles deviennent générales; et quelque temps après, des entrailles déchirées de la France, sortaient deux hommes, un roi et un soldat, dignes l'un et l'autre du grand honneur de la relever ; l'un, qu'elle a surnommé le Sage; l'autre, qu'incertaine du vrai trait de son caractère, elle a tour à tour nommé le Fort et le Bon. Appuyée sur la *sagesse* de l'un et la *force* de l'autre, la France se remit en marche et reprit la tête de l'humanité.

Tournez maintenant quelques pages de l'histoire. Voici de nouvelles infidélités, de nouveaux crimes sur lesquels je ne m'arrêterai pas; car il répugne à

---

[1] Cité par Châteaubriand, *Études historiques*, p. 150.

un fils de regarder de trop près les plaies de sa mère! Une seconde fois l'épée de la France va être brisée sur les champs de bataille. Dieu fait un signe, et de Calais, où il nous guettait comme un vautour, l'Anglais se jette sur la France. La guerre civile vient à son aide et lui ouvre les portes de Paris. Toutes les villes capitulent les unes après les autres; il ne reste qu'Orléans. Le roi de France n'est plus que le petit roi de Bourges. Qui n'aurait pas cru, cette fois encore, que c'était la fin de la France? Messieurs, laissons passer la justice de Dieu. Et toi, ô France, baptise-toi dans tes larmes et purifie-toi dans ton sang! Quand ce fut fait, Dieu descendit sur le champ de bataille; et, pour qu'on le reconnût dans la mêlée, il envoya une jeune fille, une enfant, ramasser l'épée de la France. O souvenir éternel! c'est ici qu'elle est venue; elle a apporté cette épée brisée dans cette église; elle l'a inclinée, en signe de repentir, devant cet autel; et pendant qu'ailleurs, dans les nefs attristées de Notre-Dame de Paris, un vainqueur enivré se faisait couronner roi de France et d'Angleterre, et envoyait ses trompettes sonner sur nos places publiques la fin de la France : *Finis Galliæ!* elle, de sa chaste épée, ici, sur le pavé de ce temple, sur les murs d'Orléans, elle gravait un autre mot, qui fut vrai, celui-là : *Resurrectio Galliæ!*

Messieurs, nous vivons dans des temps qui ne sont pas moins tristes. Nous avons été aussi humiliés, et de la même manière; nous sommes peut-être plus malades. Mériterons-nous que Dieu descende sur

nos champs de bataille et y relève la France meur-
trie? Je le crois et je l'espère. Sera-ce bientôt? Cela
dépend de nous : de notre moralité, de notre religion, de notre repentir, de notre union. En tous
cas, je plaindrais celui qui ne verrait, dans de si
effroyables malheurs, que des causes humaines, et
qui, dans une succession d'infortunes sans égales,
ne reconnaîtrait pas le doigt de Dieu.

Je me rappelle avoir vu à Florence un marbre
célèbre, tout tiède encore de la main de Phidias ou
de Praxitèle, tout chaud du souffle de son cœur.
C'est le groupe des fils et des filles de Niobé, acca-
blés de traits invisibles pour avoir insulté les dieux.
C'est en vain qu'ils fuient; c'est en vain que leur
mère, auguste dans sa douleur, leur ouvre son sein
comme un refuge ; éperdus, impuissants, les yeux
et les bras au ciel, il faut qu'ils succombent tous, et
qu'ils confessent que, même jeune, même vaillant,
on ne peut pas résister au courroux des dieux.
Ainsi de la France, en ces tristes temps qui s'achè-
vent. Quel aveuglement surnaturel au début de
cette guerre! Quelle série de malheurs incompré-
hensibles! Tout ce qui peut nous sauver ne se fait
pas ou échoue ; tout ce qu'on essaie contre nous
réussit. Vit-on jamais un peuple, privé de toutes ses
armées, se relever dans un si sublime élan? Mais
vit-on de tels insuccès payer de si héroïques efforts?
O France, ce n'est pas d'épée qu'il s'agit maintenant, mais de plier les genoux, de se frapper la
poitrine, de reconnaître que Dieu est juste et qu'on
ne l'abandonne pas impunément.

La France le comprendra. Avec son grand esprit, avec ces intuitions soudaines qui sont la partie brillante de son génie, elle montera plus haut que les causes secondes, plus haut que les impérities et les faiblesses humaines, jusqu'à « ce grand Dieu qui règne dans les cieux et de qui relèvent les empires, comme dit Bossuet; à qui seul appartient la gloire, la majesté, l'indépendance; et qui se glorifie de donner, quand il lui plaît, aux peuples et aux rois de grandes et de terribles leçons [1]. » La France s'inclinera sous le châtiment qu'elle a mérité, et elle se régénèrera dans l'expiation.

Et c'est là, Messieurs, la seconde raison, que je vous ai annoncée, de ces grandes, mais passagères humiliations de la France sur les champs de bataille. Ce sont des peines régénératrices. Elles refont les peuples; elles leur rendent la virilité en les trempant dans les flammes du sacrifice. Or aucune nation peut-être n'est plus accessible que la nôtre à ce genre de rédemption.

Pourquoi? c'est que la France n'est pas seulement une nation vaillante; c'est une nation généreuse. A côté de ce premier don, que j'indiquais tout à l'heure, elle en a reçu un second, plus rare encore, le don d'un cœur incomparable.

Et c'est là, pour le rappeler en passant, ce qui achève la physionomie de ce peuple étrange dont on dit tant de mal, et qu'on ne peut pas s'empêcher d'aimer. Oh! je sais tout ce qu'on raconte des dé-

---

[1] Oraison funèbre de la reine d'Angleterre.

fauts de la France. Depuis nos malheurs, j'en ai les oreilles rebattues. Mais, que voulez-vous ! elle a le charme ! c'est-à-dire un je ne sais quoi qu'on ne peut définir pas plus qu'on ne peut l'imiter ; qui survit à tout, probablement parce qu'il suppose les plus rares qualités ; et c'est ce qui explique que la France a pu être tour à tour, dans son orageuse et brillante carrière, un objet d'admiration, de colère, de pitié, de terreur, jamais d'indifférence.

Mais, Messieurs, ce don incomparable, le cœur, il a un grand péril. C'est de là que viennent les grandes pensées, les décisions héroïques, les vies fécondes, les morts glorieuses ; mais de là aussi viennent toutes les défaillances, tous les vices, et quelquefois des indignités sans nom. Et quand ces abaissements ne sont pas seulement ceux d'un homme, mais ceux d'un peuple ; quand ce peuple est en spectacle au monde entier ; quand il a l'esprit, le goût, le verbe, la plume, la grâce ; quand il sait donner un tour exquis à tout ce qu'il touche et rendre aimable jusqu'au vice ; quand il a une capitale, l'envie et la jalousie de tous les peuples, où accourt l'Europe entière, d'où elle s'en va gâtée, corrompue ; il faut bien que Dieu intervienne, ne fût-ce que pour défendre ces pauvres peuples du charme de l'enchanteresse ; et, comme il a brisé son épée oublieuse de sa mission dans la défaite, qu'il brise, et du même coup, son cœur coupable dans la douleur !

Oui, voilà l'explication supérieure de nos désastres. Quand un homme ou un peuple, peu importe, se corrompt dans le plaisir, et que Dieu veut le sauver, il le plonge dans la douleur. Il le fait monter sur l'autel; il y allume la flamme; et, si ce peuple a un grand cœur, il s'y régénère en souffrant.

Et voilà pourquoi, je le répète, nul genre de rédemption ne convenait mieux à la France, à ses grandeurs comme à ses faiblesses; car on peut dire d'elle tout le mal qu'on voudra; il y a une chose qu'on n'en dira jamais : c'est qu'elle ait peur du sacrifice ! Elle tressaille au seul mot de dévouement; elle sourit en allant à la mort. Voilà la nation française, et ce qui l'a élevée si haut depuis Clovis. On pourra tout lui ôter; mais, descendît-elle au tombeau, elle ressusciterait par le mépris de la mort !

Vous le peindrai-je maintenant, Messieurs, cet autel préparé par Dieu à la France coupable; cet holocauste immense, inondé de son sang le plus pur; ces milliers de soldats tombés, dans la fleur de l'âge, sur les champs de bataille de Reichshoffen, de Wœrth, de Borny, de Gravelotte ! Ah ! que de sang a coulé ! Avant de nous être enlevées, l'Alsace et la Lorraine en ont été teintes ! qu'aurais-tu pensé, ô Jeanne, toi qui disais : *Je n'ai jamais vu couler le sang de France sans que mes cheveux ne levassent sur ma tête!* Et cependant ces soldats, tombés les premiers, ne furent peut-être pas ceux qui souffrirent le plus. Ils n'ont pas soupçonné le lendemain. Frappés au début, dans la vivacité des premières illusions, ils se seront endormis en rêvant des victoires, en attendant je ne sais quel grand coup qui vengerait la France en une heure !

Vous rappellerai-je ensuite les anxiétés, les angoisses, les souffrances physiques et morales de deux millions d'hommes enfermés pendant sept mois dans Paris? Mais ceux-là non plus n'arrivèrent pas encore aux extrémités de la douleur. Ils ont connu la famine; ils n'ont pas vu la face odieuse de l'ennemi.

Voulez-vous voir les dernières angoisses? tournez-vous du côté de la Loire, ou du côté du Jura et de la Suisse. Ah! je m'attendris à ce spectacle. Oui, ceux que je plains par-dessus tous les autres, ce sont ceux qui ont péri ici, à nos portes, dans les derniers combats; ceux qui se sont levés à l'heure suprême, quand tout était perdu, et qu'il n'y avait plus qu'à mourir! Couchés dans les champs de Patay, ensevelis sous les neiges de Meung, de Beaugency, de Marchenoir, du Mans, ils ont pu croire, en expirant, que la patrie expirait avec eux. Voilà ceux que je plains et dont les souffrances ont dû monter jusqu'au ciel!

Et ceux aussi, nobles et fiers, qui auraient donné leur vie comme une goutte d'eau, et qui, écrasés sous des événements plus forts qu'eux, ont dû poser les armes et s'en aller, cachant leurs douleurs, dévorant leurs larmes, assister au triomphe du moins délicat de tous les peuples!

Et ceux encore dont le malheur dépasse tout, nos infortunés frères d'Alsace et de Lorraine, arrachés de force à cette chère France qu'ils adoraient, et accolés malgré eux à un peuple grossier qu'ils détestent!

Pesez, pesez, Messieurs, la grandeur d'une telle expiation, et dites, quels qu'aient été nos crimes, si je n'aurais pas le droit de m'écrier, en imitant le mot célèbre d'un saint : « Non, il n'est pas possible que Dieu laisse périr une nation rachetée par tant de larmes! *Non fieri potest ut PATRIA tantarum lacrymarum pereat!* »

Et ce n'est pas tout. Il n'y a pas qu'une manière de racheter son pays en souffrant pour lui. Le prêtre qui allait absoudre les soldats sur le champ de bataille; le médecin, le chirurgien qui passait ses jours et ses nuits à leur chevet; le frère de la doctrine chrétienne qui rapportait les blessés sur un brancard, à travers une pluie de balles; l'homme du monde qui donnait son argent, son temps, sa peine, pour organiser des ambulances; la sœur de charité qui veillait le mourant dans son agonie; et, quand elle succombait à la fatigue, la jeune fille, la femme du monde qui venait la relayer; tous ceux-là ont travaillé, par leurs dévouements, et, s'ils sont morts, par leur sang, à la rédemption de leur pays. Mais je laisse ces choses pour courir à de plus grandes.

Ces jeunes gens, tombés sur nos champs de bataille, avaient des mères; ces hommes avaient des épouses; ces pères avaient des enfants. Qui peindra cette nouvelle face de l'holocauste? qui dira les inquiétudes poignantes des familles, les dévouements des épouses, les cris émus des mères? Combien nous en avons vu, de jeunes filles, de jeunes femmes, traverser hardiment les lignes prussiennes, et arriver ici à la recherche d'un époux, d'un frère, d'un père ! Et combien qui s'en allaient, indomptables dans leur amour, jusque sur les champs de bataille, retourner les morts pour essayer de retrouver des traits adorés ! Et que dire de celles qui ont fait rouvrir les tombes pour y chercher leurs enfants !

O mon Dieu, mon Dieu, qui avez dit que vous ne laisseriez pas sans récompense un verre d'eau donné en votre nom, que ferez-vous de tels actes, de si saintes, de si cruelles angoisses? Vous disiez que dix justes auraient suffi pour sauver Sodome ! Ah ! Seigneur, il y a eu ici plus de dix justes ! Dans cette foule de victimes, il y en avait de rares. Il y a eu, j'en ai connu, des sacrifices sublimes. Ah ! nous étions bien coupables ; mais nous avons pleuré ; mais nous avons souffert ; les vierges elles-mêmes, les anges de la terre, se sont immolées dans leurs cloîtres ; et jusque sur les autels des larmes ont coulé dans le calice du sacrifice. Vous pèserez tout cela, mon Dieu, dans vos mains magnanimes ; et, content de nos maux dont vous nous apprendrez à profiter, vous épargnerez à ceux qui viendront après nous de si terribles leçons.

Et vous, morts bien-aimés, dormez en paix ! Aux yeux de la religion comme aux yeux de l'humanité, il n'y a pas de plus grande destinée que de donner sa vie pour son pays. En mêlant votre poussière à la vieille terre de France, vous nous l'avez faite plus sacrée encore et plus chère. Parlez-nous du fond de vos tombes. Enseignez-nous le charme exquis du devoir préféré à tout, du sacrifice accepté, de la mort offerte à Dieu pour son pays. Relevez nos âmes par votre souvenir ! Et un jour, quand le ciel aura recommencé à sourire à la France pardonnée, et que nous aurons repris notre marche à travers le monde, le vent de quelque grande victoire viendra remuer votre poussière ; vos os tressailliront au bruit de nos succès ; et nos étendards vainqueurs s'inclineront sur vos tombes pour saluer ceux qui, en souffrant et en mourant pour nous, nous auront mérité du ciel la grâce de renaître et de nous relever !

LE PARDON DE LA FRANCE

ALLOCUTION

PRONONCÉE LE 18 JUIN 1873

AU MOMENT DU DÉPART DES PÈLERINS ORLÉANAIS
POUR PARAY

Messieurs,

C'est donc demain que nous partons pour Paray-le-Monial.

C'est demain que nous allons, pieux pèlerins, poser nos lèvres sur cette terre sacrée, toute pleine encore des vestiges de Notre-Seigneur : *Adorabimus in loco ubi steterunt pedes ejus.*

Et pourquoi allons-nous si loin, à travers tant de difficultés et de fatigues?

Pourquoi? Parce que Dieu le veut.

Ce n'est pas nous qui avons créé ce mouvement, c'est lui qui nous emporte. Quand il a commencé en France, et qu'on a vu apparaître les têtes des premières colonnes de pèlerins, on a pu s'imaginer, on a même dit que c'était la politique qui les avait réunies. Mais bientôt le mouvement a grandi ; il a pris de telles proportions que les chrétiens eux-mêmes s'en sont étonnés. On était dix mille à la Sallette. On a été cent mille à Lourdes. Nous étions hier trente mille à Chartres. Et qui peut dire ce que les 30 jours du mois de juin auront vu passer de pèlerins à Paray ? Et ce qui se fait là, dans ces sanctuaires illustres, se répète en petit de tous les côtés. O France, qu'as-tu donc ? et sous quel souffle t'agites-tu ainsi ?

Lorsqu'on voit, en pleine mer, une vague se soulever, puis une seconde, et bientôt s'émouvoir les profondeurs de l'Océan, on dit : Voilà le souffle de la tempête qui se lève. Eh bien, un souffle aussi passe en ce moment sur la France, mais c'est le souffle de l'amour.

Vous savez ce qui arrive, quand une grande épreuve s'abat sur un homme. Il reste d'abord muet, interdit, accablé. Sa douleur l'étouffe. Et voilà pourquoi ceux qui l'aiment disent : Oh ! s'il pouvait donc pleurer ! Et ceux qui sont chrétiens ajoutent : S'il pouvait donc prier ! Eh bien, la France commence à prier et à pleurer.

Brisée sur vingt champs de bataille, ayant eu cette double humiliation d'être vaincue, et vaincue par des Prussiens, elle est restée deux ou trois ans muette, étonnée de ses malheurs, prête, en certains moments, à se rejeter dans le plaisir pour s'étourdir

et se distraire, et disposée d'autres fois à blasphé-
mer ; et puis, quand on prédisait déjà que cette
épreuve ne lui servirait de rien, on l'a vue se soulever, lentement d'abord ; elle a regardé le ciel ; on a
entendu un soupir s'échapper de sa poitrine : Mon
Dieu, mon Dieu ! Voilà le souffle qui passe en ce
moment sur la France. C'est le souffle de la prière,
du repentir, de l'espérance, de la miséricorde et de
l'amour.

Je cherche dans mes souvenirs historiques. Depuis
trois siècles, on n'a rien vu de pareil. Pour retrouver ces foules immenses de pèlerins qui s'en vont le
chapelet à la main et chantant des cantiques, il faut
remonter à la grande crise religieuse du xvi* siècle,
à cette émotion nationale de la France se deman-
dant avec effroi si elle serait catholique ou protes-
tante. Et ces prières publiques, ces pèlerinages dont
souriaient les sages du temps, savez-vous ce qu'ils
ont produit ? Ils nous ont donné Henri IV, ou, pour
parler plus exactement, ils ont donné à Henri de
Navarre l'inspiration et le courage de devenir
Henri IV.

Vous connaissez, mes frères, la sublime apos-
trophe de Bossuet, dans l'oraison funèbre de la reine
d'Angleterre, tombée de trois trônes et devenue si
grande dans le malheur. *Elle remerciait Dieu, de
quoi ? de l'avoir faite reine ? non, Messieurs, mais de
l'avoir faite reine malheureuse.* Eh bien, j'ose m'em-
parer de ces grandes paroles, et je dirai à mon tour:
Je vous remercie, ô mon Dieu, d'avoir fait la France
reine. Oh ! oui, reine de l'Europe par l'esprit, par

la langue, par l'épée, par le goût, par le cœur. Mais puisqu'elle oubliait sa mission, ô mon Dieu, je vous remercie de l'avoir faite reine malheureuse. Je savais bien que l'épreuve, qui transfigure les grandes âmes, un jour ou l'autre renouvellerait la France, et que les larmes lui réapprendraient le chemin des autels.

Et je savais aussi qu'elle ne reprendrait pas le chemin des autels sans y retrouver son Dieu, le Dieu de Clovis et de Charlemagne, le Dieu de saint Louis et de Jeanne d'Arc, le Dieu bon et tendre qui a fait les nations guérissables, et qui bouleversera la terre plutôt que de laisser périr la France.

Vous me direz : A la bonne heure ; il faut prier pour la France. Mais, dans cette supplication publique, nationale, pourquoi vous adressez-vous aujourd'hui au sacré Cœur?

Pourquoi? Je le répète, c'est parce que Dieu le veut.

Parce qu'il y a eu une parole, tombée du ciel dans les oreilles de la France, qu'elle n'a jamais oubliée, quoiqu'elle ne l'ait jamais accomplie, qui lui revient à l'esprit dans toutes les crises, comme un remords et comme une espérance ; et cette parole la voici :

« Je veux que la France soit consacrée à mon sacré Cœur, et je lui prépare un déluge de grâces dès que cette consécration aura été faite. »

Il y a deux siècles, quand nous souffrions des agitations douloureuses du protestantisme, livrés à toutes les horreurs de la guerre civile et de la guerre étrangère ; quand ce grand roi et ce rare génie, dont je parlais tout à l'heure, eut succombé sous le poignard implacable des partis, il vint un jour où la France, divisée, abaissée, corrompue, cherchant son unité et ne la trouvant plus, eut le vif sentiment qu'il n'y avait plus de remède qu'en Dieu. Alors le second des Bourbons, le chaste Louis XIII, descendit de son trône, se rendit à Notre-Dame, et y consacra solennellement son royaume à Marie. Et voyez quelle est la puissance d'un vœu national ! Le lendemain nous eûmes Louis XIV et toutes les splendeurs du xviie siècle, c'est-à-dire la plus magnifique résurrection de peuple qu'on eût jamais vue.

Eh bien, aujourd'hui, dans l'abîme plus profond où nous sommes tombés, il nous faut un nouveau vœu, un vœu public, un vœu national, une consécration officielle, mais cette fois au Cœur de Jésus. Dieu le veut; l'Église le désire; la France en a l'intuition; les masses s'ébranlent; et tout se prépare pour cet événement qui aura sur les destinées de notre patrie une incalculable influence.

Voilà pourquoi nous allons à Paray.

Oh! nous y allons sans doute parce que Jésus-Christ a dit : *Voilà ce Cœur qui a tant aimé les hommes!* Chacun de nous va lui porter ses tristesses, ses joies, ses déceptions, ses douleurs, ses fautes, son repentir. Nous allons tout jeter dans ce foyer d'amour.

Mais nous y allons par une raison d'un ordre supérieur. Nous y allons parce qu'il a dit : *Je veux que la France se consacre à mon sacré Cœur.*

Parce qu'il a dit un autre jour : *Je prépare toutes choses. La France sera consacrée à mon divin Cœur, et toute la terre se ressentira des bénédictions que je répandrai sur elle. La foi et la religion refleuriront en France par la dévotion à mon divin Cœur.*

Et ailleurs : *Fais savoir au Fils aîné de l'Église que je veux que l'image de mon Cœur soit peinte sur les étendards de la France et gravée dans ses armes, pour les rendre victorieuses de tous ses ennemis.*

Et, afin qu'il y eût un signe vivant et visible de cette consécration, il a demandé que la France lui *bâtît un temple, où serait placé le tableau de ce divin Cœur pour y recevoir la consécration et les hommages de la France.*

Et en récompense, il a promis que *par ce Cœur il nous départirait les trésors de ses grâces, et répandrait avec abondance ses bénédictions sur toutes les entreprises de la France.*

Voilà le vrai souffle qui nous arrache à Orléans et qui nous emporte à Paray.

Ah! je le sais bien, nous n'avons pas qualité, fussions-nous cent mille, pour faire cette consécration de la France au Cœur de Jésus. Il faut que ce soit la France qui se consacre elle-même. Mais nous avons qualité pour préparer cette consécration, pour la rendre possible, pour en entretenir la pensée dans la mémoire de la France, et même, au besoin, pour lui en rendre l'inspiration.

Et il ne s'agit pas de savoir si la France, la France actuelle, la France officielle surtout, est mûre pour ce grand acte. Il s'agit de savoir si, dans un temps plus ou moins proche, cet acte doit avoir lieu ; si les catholiques en ont reçu de Dieu la confidence, et s'ils ne manqueraient pas à tous leurs devoirs, s'ils ne se rendraient pas coupables de trahison envers leur patrie, en ne profitant pas des moindres circonstances pour en réveiller le souvenir.

Mais que dis-je? cette inspiration, la France l'a eue avant nous, plus que nous. Chose étrange! cette grande parole dont je disais tout à l'heure qu'elle ne l'a pas accomplie, mais qu'elle ne l'a jamais oubliée; cette parole solennelle : *Je veux que la France se consacre à mon divin Cœur,* on dirait que c'est le privilége de toutes les crises de lui en renouveler la mémoire. Oh! quand la France est heureuse, ne lui en parlez pas. Elle ne saurait pas ce que vous voulez dire, et elle sourirait. Mais que l'épreuve vienne, que son épée soit brisée sur les champs de bataille, ou que son unité soit menacée dans des guerres civiles, aussitôt d'elle-même, d'instinct, sans qu'on ait besoin de l'avertir, sa pensée se relève vers le ciel, et elle appelle le sacré Cœur.

Il y en a surtout deux exemples éclatants.

Voyez à la fin du xviiie siècle, quand la Terreur fait courber toutes les têtes et pâlir tous les courages; quand les nations étrangères, toujours jalouses de la France, battent des mains en la voyant si humiliée : à quoi pense Louis XVI au fond de la prison? Où cherche-t-il un appui? Il se souvient du sacré Cœur; et, de cette même main dont il avait, quelques jours auparavant, écrit cette page sublime qu'on appelle le testament de Louis XVI, il écrit la solennelle consécration de sa personne et de la France au divin Cœur de Jésus.

Et pendant que cette inspiration lui vient au fond de son cachot, Henri de la Rochejaquelein, Cathelineau, Lescure, Bonchamp, cherchant, eux aussi, un secours dans ce total abandon, reçoivent d'en haut la même lumière, et ils mettent le Cœur de Jésus sur leurs poitrines.

Pourquoi cette consécration, faite par le plus saint des rois et ratifiée par ce qu'il y avait de plus grand en France, ne fut-elle pas acceptée de Dieu? Pourquoi? Ah! Messieurs, je viens de vous le dire. C'est que Dieu veut la consécration nationale de la France, et que Louis XVI n'était plus roi; il était captif! C'est que les Vendéens étaient des géants, mais n'étaient pas la France! C'est que la France, au lieu de ratifier la consécration faite par Louis XVI, le traînait sur l'échafaud! L'hommage national que Dieu avait demandé n'existait pas.

Voilà le premier exemple. En voulez-vous un second, plus prodigieux encore?

Soixante-dix ans se passent, de 1793 à 1870; soixante-dix ans pendant lesquels on aurait fait sourire, en France, même les chrétiens, si on leur eût parlé d'une consécration nationale au Cœur de Jésus. Tout à coup que vois-je? O Dieu, quelles catastrophes! Qu'est devenue la France? Démantelée, brisée sur vingt champs de bataille, où donc est son courage? où donc son bonheur? Nous l'avons regardée, comme disait le prophète, et nous ne l'avons pas reconnue. Elle ressemblait à un lépreux, que tout le monde abandonne, *quasi leprosum,* à un de ces êtres frappés de Dieu et dont on se détourne, *humiliatum et perculsum a Deo.*

Mais tout à coup aussi, pendant que nous avions sur notre sol le pied insolent de l'étranger, et que nous sentions à notre flanc le poignard de la Commune, voyez-vous la même intuition qui se réveille partout, la même pensée, sourde, profonde, perçant sur mille points à la fois, se faisant jour de tous côtés : que la France ne sortira de l'abîme que si elle se consacre au Cœur adorable de Jésus?

Vieille basilique d'Orléans, tu dus tressaillir, lorsqu'au lendemain de la bataille de Coulmiers tu vis tes portes s'ouvrir devant les volontaires de l'Ouest, venant, comme autrefois Condé sur le champ de bataille de Rocroy, remercier le Dieu des armées! Ils portaient tous le Cœur de Jésus sur la poitrine.

Et vous, champs de Patay et de Loigny, oublierez-vous jamais cette charge superbe qui rétablit un instant l'honneur de nos armes, et qui jeta sur cette bataille un rayon d'une gloire si pure? Qui sont-ils ces jeunes gens, pleins d'un si beau feu, venus à l'heure où l'on ne peut plus vaincre, où l'on ne peut plus que mourir? Quel est cet étendard que j'aperçois au milieu de la mitraille? Ah! voilà donc enfin le Cœur de Jésus sur un drapeau français! Il a été brodé, cet étendard, par les vierges de Paray, et il est porté maintenant par les zouaves de Castelfidardo et de Mentana. Autour de lui, autour de cet étendard, fait par la virginité, le courage et la foi, voici enfin la vieille valeur française. O joie! nous allons retrouver notre bonheur évanoui ! Nous l'aurions retrouvé, Messieurs, si c'eût été la France : mais ils ne sont qu'une poignée !... Qu'ils meurent donc, relique du passé, semence de l'avenir, dernier reste des héros qui ont fait la France si grande, avant-garde de ceux qui la sauveront. Du moins cet étendard n'ira pas, comme tant d'autres, orner l'insolent triomphe de nos vainqueurs. Transmis de main en main, de celui qui meurt à celui qui va mourir, couvert de sang, consacré par mille baisers, il subsiste. Dieu le garde pour le triomphe.

Et pendant ce temps, dans Paris assiégé, séparé de la France par un mur de fer, savez-vous quelle était la dernière espérance qui soutenait les catholiques ? La même qui faisait battre le cœur de nos derniers soldats sur les champs de bataille. Ils se réunissaient et ils faisaient vœu de bâtir, à Paris même, un temple au sacré Cœur.

Ah ! nous sommes bien indignes de nous comparer à de tels hommes et à de telles choses ! Mais enfin, le même mouvement fait battre nos cœurs, la même intuition illumine nos esprits. Et voilà pourquoi nous partons pour Paray, avec le Cœur de Jésus sur la poitrine.

Et si vous me demandiez, avant de terminer, ce que j'espère de cette intuition que la France retrouve toujours à l'heure de l'épreuve, et ce que signifierait ce grand acte de la consécration publique, nationale, de la France au Cœur de Jésus, je vais vous le dire.

Cela signifierait que la France, comme nation,

veut renouer avec Jésus-Christ ce pacte social qui date du baptistère de Reims, qui a fait notre grandeur dans le passé, et dont la rupture a été la cause de tous nos malheurs.

Se consacrer au Cœur de Jésus par un acte solennel, public, national, souverain, ce serait arracher, au frontispice du temple de la patrie, *la déclaration des droits de l'homme* et y substituer *la déclaration des droits de Dieu!*

Ce serait récrire, en tête de nos constitutions, le mot que nos pères avaient gravé à la première ligne de la loi salique : *Vive le Christ qui aime les Francs!*

Se consacrer au Cœur de Jésus, ce serait se vouer à l'amour, et par conséquent ce serait répudier et repousser ce christianisme superficiel, étroit, sec et faux, qui nous a tant refroidis depuis deux siècles. Ce serait surtout rompre avec la révolution, qui est la haine.

Il est vrai que la France ne mérite guère une telle grâce de résurrection. Elle, si privilégiée, appelée à une vocation si haute, ceinte d'un si beau diadème, elle est tombée bien bas, dans des passions bien indignes d'elle et de Celui qui l'avait choisie! Mais se consacrer au Cœur de Jésus, par un vœu national, savez-vous ce que ce serait? Ce serait faire, en face de l'Europe, la plus sublime de toute les amendes honorables.

Ce serait adresser au Cœur de Jésus le plus irrésistible des hommages. Quand on a méprisé la majesté, on peut recourir à la sagesse; quand on a ri de la sagesse, on peut en appeler à l'amour; quand

on a méprisé l'amour, que faire? On dit générale-
ment : c'est fini. Oh! non, il y a encore une ressource,
c'est de se replonger dans l'amour.

Et se replonger dans l'amour, pour la France,
c'est revivre ; comme ce géant de la fable qui retrou-
vait des forces chaque fois qu'il touchait la terre.

Que si, pour tant d'infidélités, avant de renouer
une si glorieuse alliance, il fallait une punition, re-
mettons-nous-en au Cœur de Jésus. Il est doux d'être
châtié par celui qu'on aime. Mais quoi! en nous
montrant son Cœur adorable, et en nous conviant
à y venir, Jésus-Christ ne nous a-t-il pas assez dit
qu'il avait dépouillé toute colère?

Partons donc. Allons porter au Cœur de Jésus le
cœur sanglant, meurtri, coupable de la France.

Allons crier : Grâce et miséricorde !

Allons nous agenouiller au pied de cet autel où
l'amour a apparu, rien que l'amour, l'amour dans
la plus tendre de ses manifestations, et disons-lui :
O mon Dieu, souvenez-vous de la France et de tout
ce qu'elle a fait pour vous : *Memento, Domine, David, et omnis mansuetudinis ejus.*

Souvenez-vous, si triste que soit le présent, que
depuis quinze siècles la France a mis la main à tout
ce qui s'est fait de grand et de bon en Europe, et
qu'aucune nation n'a jamais versé autant de sang
ni déployé un tel génie pour le triomphe de la
vérité, de la vertu, de l'honneur, de la justice : *Memento, Domine, David, et omnis mansuetudinis ejus.*

Souvenez-vous que la France est la fille aînée de

l'Église, et que, depuis qu'elle existe, on n'a pas touché au Vicaire de Jésus-Christ sans entendre frémir une épée et frissonner un drapeau, l'épée et le drapeau français; et si, dans ces derniers temps, nous n'avons pas réussi à arrêter le flot des envahisseurs, souvenez-vous du moins que nous avons souffert et que nous sommes morts pour cette cause sacrée, dans la personne de Lamoricière, de Pimodan, de Charette et des zouaves : *Memento, Domine, David, et omnis mansuetudinis ejus.*

O mon Dieu, souvenez-vous de Charlemagne et de saint Louis. Souvenez-vous de notre Jeanne d'Arc. Souvenez-vous de saint Vincent de Paul et de la bienheureuse Marguerite-Marie. Ils avaient tous dans leurs veines notre sang, le sang français!

Souvenez-vous de la pureté de nos vierges, de la vaillance de nos soldats, de la sainteté de nos prêtres, de l'intégrité de nos magistrats, de la piété de nos mères : *Memento, Domine, David, et omnis mansuetudinis ejus!*

O mon Dieu, souvenez-vous de Pie IX, votre pontife infaillible, notre chef bien-aimé, l'ami de la France! Ah! comment pourrions-nous, à une pareille heure, oublier que c'est lui qui a glorifié le Cœur de Jésus et placé la bienheureuse Marguerite-Marie sur les autels? C'est peut-être pour cela qu'il a tant souffert; car le Cœur de Jésus ne récompense guère autrement ses amis. Du moins, ô Jésus, si vous lui avez communiqué quelque chose des épines qui meurtrissent votre Cœur adorable, donnez-lui-en les flammes. Consolez sa vieillesse, en lui rendant la liberté dont il a besoin pour gouverner l'Église. Et si vous voulez montrer, ô mon Dieu, que vous nous aimez toujours, que cette liberté lui revienne encore une fois par nous!

Partons donc, Messieurs et mes frères; allons porter tous ces vœux au sanctuaire qui nous attend; et que les saints anges de l'Église et de la France nous accompagnent pendant la route : *Dominus sit in itinere vestro, et sanctus angelus ejus comitetur vobiscum.*

3765. — Tours, impr. Mame.